PERRO MILITAR

Un libro de Las Ramas de Crabtree

Escrito por B. Keith Davidson
Traducción de Santiago Ochoa

CRABTREE
Publishing Company
www.crabtreebooks.com

Apoyo escolar para cuidadores y maestros

Este libro de alto interés está diseñado para motivar a los estudiantes dedicados con temas atractivos, mientras desarrollan la fluidez, el vocabulario y el interés por la lectura. A continuación se presentan algunas preguntas y actividades para ayudar al lector a desarrollar sus habilidades de comprensión.

Antes de leer:

- *¿De qué pienso que trata este libro?*
- *¿Qué sé sobre este tema?*
- *¿Qué quiero aprender sobre este tema?*
- *¿Por qué estoy leyendo este libro?*

Durante la lectura:

- *Me pregunto por qué...*
- *Tengo curiosidad de saber...*
- *¿En qué se parece esto a algo que ya conozco?*
- *¿Qué he aprendido hasta ahora?*

Después de leer:

- *¿Qué intentaba enseñarme el autor?*
- *¿Cuáles son algunos detalles?*
- *¿Cómo me ayudaron las fotografías y los pies de foto a entender más?*
- *Vuelve a leer el libro y busca las palabras del vocabulario.*
- *¿Qué preguntas tengo aún?*

Actividades de extensión:

- *¿Cuál fue tu parte favorita del libro? Escribe un párrafo sobre ella.*
- *Haz un dibujo de lo que más te gustó del libro.*

ÍNDICE

Breve historia de los perros militares

Los perros han servido en los ejércitos humanos durante miles de años. Los antiguos egipcios, griegos y romanos utilizaban perros de ataque en la batalla y perros guardianes para vigilar sus campamentos.

Los antiguos asirios utilizaban perros de guerra para atacar a los soldados enemigos.

Los perros se utilizaron en batallas desde el año 600 a.C., cuando Aliates de Lidia soltó a sus perros de guerra contra los cimerios.

Atila el Huno utilizó perros militares durante sus guerras en el Imperio Romano del año 434 al 453 a.C.

Perros militares modernos

Los perros militares, ahora llamados perros de trabajo, sirven como perros de **detección**, de **exploración** y de **patrullaje**. Los perros de patrullaje vigilan bases, campos de aviación y prisiones.

Los perros militares detectan amenazas que los ojos y la nariz humanos no pueden encontrar. Se les pasea también y se les exhibe para disuadir los ataques. Los enemigos no quieren meterse con estos perros.

DATO Hay monumentos conmemorativos en honor a los perros militares en todo el territorio de Estados Unidos.

Perros de detección

Los perros detectores de bombas se han utilizado en Irak y Afganistán. Estos perros han encontrado innumerables **artefactos explosivos improvisados** (IED, por sus siglas en inglés). Esto permite a los equipos de **demolición** desactivar, o inutilizar, las bombas. Estos perros también encuentran minas terrestres y otras amenazas ocultas.

DATO

Los perros detectores pueden oler un artefacto explosivo dentro de un auto desde una distancia de hasta 50 pies (15.24 metros).

Perros exploradores

Un perro explorador va con un equipo y trata de ayudarle a detectar los peligros antes de que se conviertan en problemas.

El perro entrará en un edificio antes que los soldados. El perro llevará un chaleco de **Kevlar** y cámaras. El equipo utilizará la información que el perro reúna para planificar su ataque.

Los perros exploradores reciben auriculares de radio para que sus adiestradores puedan darles órdenes cuando entren a edificios por su cuenta.

Razas

Los ejércitos antiguos querían los perros más grandes que pudieran encontrar. Los mastines son algunos de los perros más grandes del mundo.

Se utilizaban no solo por su potencia, sino también por su fuerte ladrido. Sus ladridos intimidaban a los soldados del otro bando.

Zorba, un mastín inglés, medía más de 8 pies (2.4 metros) de largo y pesaba 343 libras (156 kilogramos).

Los pastores alemanes han sido los perros de guerra más populares durante el último siglo. Los labradores y los golden retrievers también son opciones populares.

Estos perros tienen el tamaño, la velocidad y la inteligencia necesarios para ayudar a los soldados a realizar sus tareas.

En 1899, el capitán Max Von Stephanitz comenzó a criar perros para crear el perro militar perfecto. La raza que creó se conoce como «pastor alemán».

Los malinois belgas y los pastores holandeses son primos del pastor alemán. Cada vez son más populares como perros militares. Son más pequeños, más rápidos e igual de inteligentes que sus primos más grandes.

Malinois, que se pronuncia ma-li-nuá, se refiere a la ciudad de Maline, Bélgica. Este es el lugar de nacimiento del malinois belga.

¿Cómo elegir el cachorro perfecto?

El cachorro perfecto para un trabajo militar es el que escucha. Necesita tamaño y velocidad, pero sobre todo necesita obedecer a su adiestrador.

Si un perro se niega a hacer algo, se pueden perder vidas. Al igual que las tropas humanas, los soldados caninos deben seguir órdenes.

DATO Un perro totalmente entrenado para la detección de bombas está valorado en 150 000 dólares.

Adiestramiento

Los perros militares tienen que entrenarse para diferentes trabajos. Uno de los mayores retos del entrenamiento es lograr que los perros estén preparados para las vistas y los sonidos de un campo de batalla.

Un perro puede saber cómo realizar una tarea en el entrenamiento, pero hacerlo puede ser mucho más difícil bajo presión.

Los perros militares estadounidenses se entrenan en la Base de la Fuerza Aérea Lackland, en San Antonio, Texas.

A muchos lugares u objetivos militares no se puede llegar por tierra. Los perros militares tienen que aprender a viajar por agua y por aire para llegar a sus destinos.

DATO

30 100 pies (9 174.48 metros) es el récord de lanzamiento de paracaídas humano y canino más alto de todos los tiempos. Mike Forsythe y su perra Cara llevaron máscaras de oxígeno para el salto.

Los perros militares también deben aprender a llevar diferentes tipos de equipo. Esto incluye chalecos antibalas, gafas, máscaras de oxígeno y arneses.

El entrenamiento de un perro militar no termina nunca. Su adiestramiento básico dura de 8 a 12 semanas, dependiendo de las normas de su ejército. Sin embargo, seguirá entrenando todos los días hasta que sea **desplegado**.

Algunos chalecos tácticos usados por los perros militares de Estados Unidos pueden costar hasta 30 000 dólares.

Gracias por su servicio

Durante la Primera Guerra Mundial, los perros alertaban a los soldados de la presencia de soldados enemigos. Algunos perros también se utilizaron para detectar el gas venenoso. Los perros podían oler el gas antes de llegar a las trincheras, dando a los soldados la oportunidad de ponerse las máscaras antigás. A veces, las máscaras antigás también se les ponían a los perros.

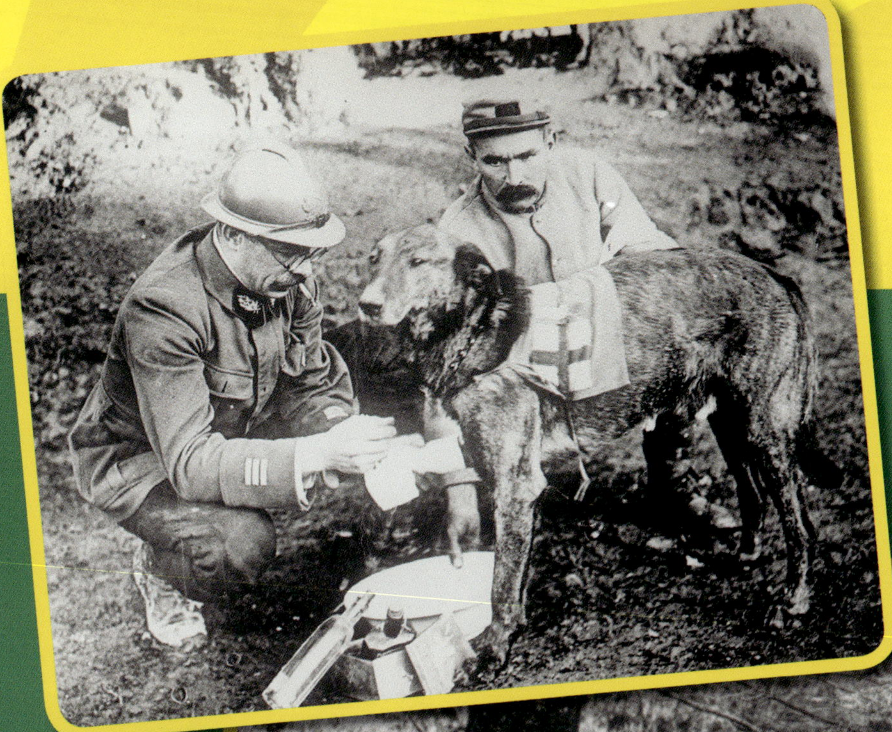

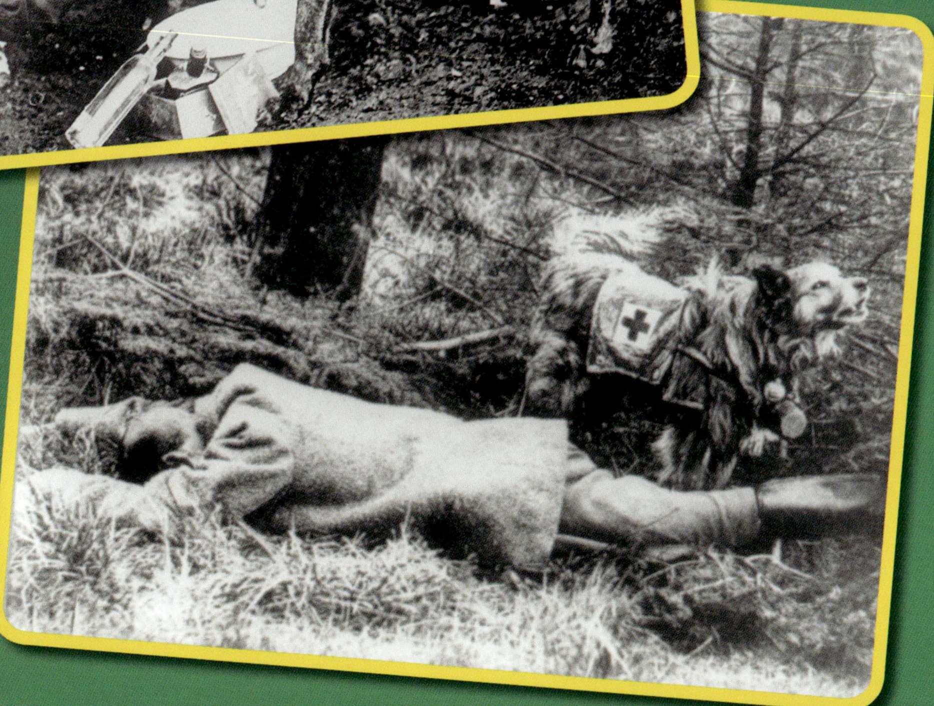

DATO

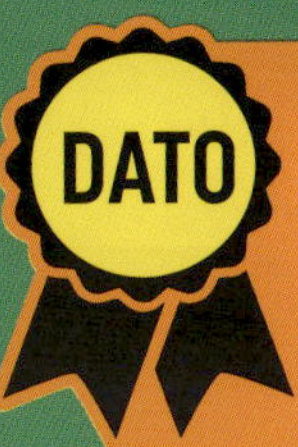

En la Primera Guerra Mundial, los perros de la misericordia eran cargados con equipos médicos y enviados al campo de batalla para encontrar soldados heridos.

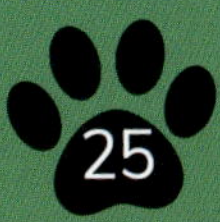

Cuando los Navy Seals fueron en busca de Osama Bin Laden en 2011, enviaron al Seal Team 6 y a su confiable malinois belga, Cairo. Llevaba un chaleco antibalas y una cámara para recoger información sobre el edificio.

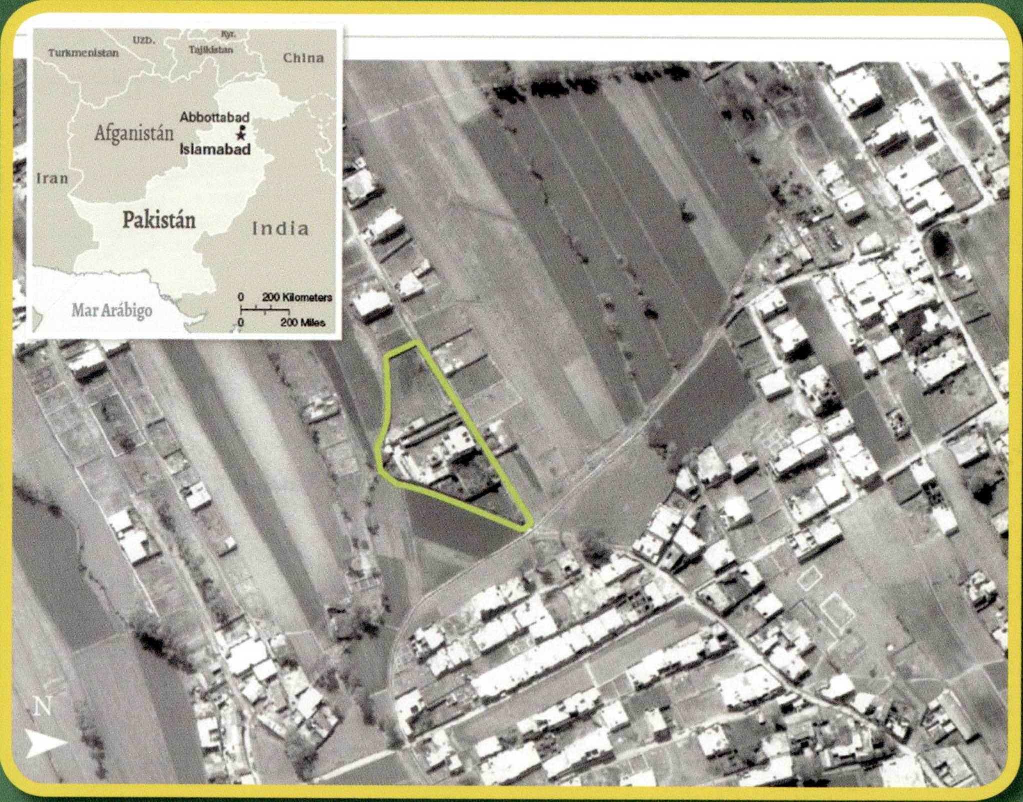

Una vista aérea del complejo de Bin Laden en Pakistán.

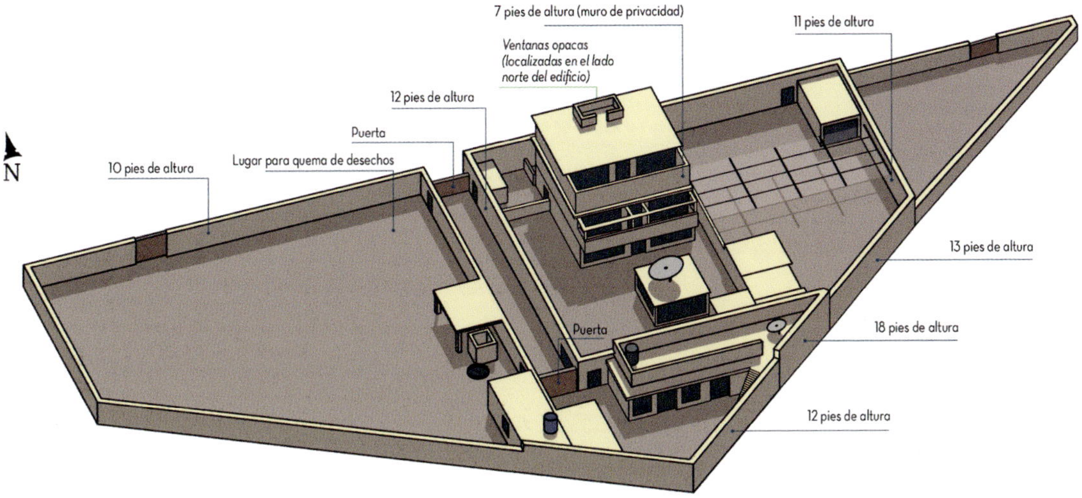

7 pies de altura (muro de privacidad)

11 pies de altura

Ventanas opacas (localizadas en el lado norte del edificio)

12 pies de altura

Puerta

N

10 pies de altura

Lugar para quema de desechos

13 pies de altura

Puerta

18 pies de altura

12 pies de altura

Según un informe, una de las muchas tareas de Cairo era ayudar a encontrar cualquier habitación o puerta oculta en el complejo.

DATO

Los perros de trabajo militares como Cairo llevan a veces «doggles». Algunos doggles son gafas de visión térmica que permiten a los perros ver a los humanos que se esconden detrás de las paredes.

Los perros también han sido alistados para su uso en programas espaciales. Antes de saber si era seguro para los humanos ir al espacio, enviaron perros a bordo de las naves espaciales.

En 1957, Laika, una perra **mestiza** de las calles de Moscú, Rusia, fue el primer animal que realizó un vuelo espacial orbital alrededor de la Tierra.

Los soviéticos lanzaron 71 perros al espacio. Desgraciadamente, 17 de ellos, incluida Laika, no lograron regresar.

Laika llevaba este traje diseñado especialmente para ella a bordo de la nave espacial rusa Sputnik 2 en 1957.

Los perros militares ayudan a los soldados de todo el mundo cada día. El vínculo entre un perro militar y su adiestrador debe ser fuerte para formar un equipo exitoso.

Glosario

artefactos explosivos improvisados: Este término se utiliza para describir las bombas caseras que se colocan como trampas mortales.

demolición: Los equipos de demolición del ejército desactivan las bombas de forma segura para que la gente no resulte herida.

desplegado: Término militar que se refiere al envío de tropas a los lugares donde se las necesita.

detección: El acto de encontrar cosas que están ocultas.

exploración: Ir por delante de su equipo y recopilar información.

Kevlar: Material ligero y antibalas que se utiliza para proteger a los soldados y a los policías.

mestiza: De raza desconocida o no identificada.

patrullaje: Vigilancia de una zona determinada.

Índice analítico

Sitios web para visitar

www.mwdtsa.org

https://myairmanmuseum.org/military-working-dogs

www.akc.org/expert-advice/news/what-are-military-working-dogs

Sobre el autor

B. Keith Davidson

B. Keith Davidson creció rodeado de perros, y siempre le han fascinado los vínculos que comparten los humanos y estas criaturas tan especiales. Los beagles son sus perros favoritos, aunque sean testarudos y frustrantes. Tiene una maestría en Historia de Canadá por la Universidad de Carleton.

Written by: B. Keith Davidson
Designed by: Jennifer Dydyk
Edited by: Kelli Hicks
Proofreader: Janine Deschenes
Translation to Spanish: Santiago Ochoa
Spanish-language layout and proofread: Base Tres
Print coordinator: Katherine Berti

Photographs: Cover: illustration of Dog(also on title page) © Nevada3, photo of soldier and dog © New Africa, helicopter © CC7, Page 4 Roman Camp © Massimo Todaro, dog © kavalenkava, Page 5 © Sammy33, Page 6 © PRESSLAB, Page 7 soldier and dog © Africa Studio, Page 12 © Ricantimages, Page 13 © Kachalkina Veronika, Page 18 (bottom photo) © DTeibe Photography, Page 28 © Shan_shan. All images from Shutterstock.com except Page 7 statue © Americasroof https://creativecommons.org/licenses/by-sa/3.0/deed.en, Pages 8, 9, 10, 11, 14, 15, 16, 17, 18 (top photo), 19, 20, 21, 22, 23, 27 (dog), 29 (dog with handler) courtesy of US Military, Pages 24, 25 courtesy of the Library of Congress, Page 26 and Page 27 (diagram) courtesy of US Government, Page 29 (top photo) James Duncan Flickr https://creativecommons.org/licenses/by-sa/2.0

Library and Archives Canada Cataloguing in Publication

Available at the Library and Archives Canada

Library of Congress Cataloging-in-Publication Data

Available at the Library of Congress

Published in the United States
Crabtree Publishing
347 Fifth Avenue
Suite 1402-145
New York, NY, 10016

Published in Canada
Crabtree Publishing
616 Welland Ave.
St. Catharines, ON
L2M 5V6

Crabtree Publishing Company
www.crabtreebooks.com 1-800-387-7650

In Canada: We acknowledge the financial support of the Government of Canada through the Canada Book Fund for our publishing activities.

Printed in the U.S.A./062022/CG20220124